Kur'ân Talebelerine

Suâlli Cevâblı

TECVÎD DERSLERİ

Evinde Kur'ân-ı Kerîm okunan her müslüman âileye bir tâne lâzımdır.

El'Hacc
Hattat Hafız
Yusuf Tavaslı
Emekli İmam Hatib

اَلْقُرْاٰنُ يُحْيِي الْقَلْبَ الْمَيِّتَ

Mânâsı: *"Kur'ân ölü kalblere hayat verir."*

إِذَا اَحَبَّ اَحَدُكُمْ اَنْ يُحَدِّثَ رَبَّهُ فَلْيَقْرَاِ الْقُرْاٰنَ

Mânâsı: *"Ashabım, ey ümmetim! Sizden biri Rabbi ile konuşmak istediğinde hemen Kur'ân-ı Kerîm okusun."*

اَشْرَافُ اُمَّتِي حَمَلَةُ الْقُرْاٰنِ

Mânâsı: *"Ümmetimin en şereflisi* (en değerlileri), *hamale-i Kur'ân olan* (Hâfız-ı Kelâm- Hâfız-ı Kur'ân olan)*lardır.*

اَفْضَلُ عِبَادَةِ اُمَّتِي قِرَاءَةُ الْقُرْاٰنِ نَظَرًا

Mânâsı: *"Ümmetimin yapacağı* (nâfile) *ibâdetlerin en fazîletlisi* (en sevablısı) *Kur'ân-ı Kerîm'i açıp yüzüne bakarak okumalarıdır."*

شِفَاءُ الْجَنَانِ قِرَاءَةُ الْقُرْاٰنِ

Mânâsı: *"Kur'ân okumak, kalbin şifâsıdır."*

اِنَّ الَّذِي لَيْسَ فِي جَوْفِهِ شَيْءٌ مِنَ الْقُرْاٰنِ كَالْبَيْتِ الْخَرِبِ

Mânâsı: *"Kalbinde Kur'ândan hiç bir sûre ve âyet bulunmayan kimse harap bir ev gibidir."*

نَوِّرُوا مَنَازِلَكُمْ بِالصَّلَاةِ وَقِرَاءَةِ الْقُرْاٰنِ

Mânâsı: *"Evlerinizi namaz kılarak ve Kur'ân okuyarak nurlandırınız."*

Hadis-i Şerîf

Yayına Hazırlık : Tavaslı Yayınları
Başkı & Cilt : Tavaslı Matbaacılık
Tel.: (212) 451 31 32 Pbx
Yayın Kodu : B/21
ISBN : 978-975-8131-47-8

بِسْمِ اللّٰهِ الرَّحْمٰنِ الرَّحِيمِ

MUKADDİME

خَيْرُكُمْ مَنْ تَعَلَّمَ الْقُرْآنَ وَعَلَّمَهُ ۞ صَدَقَ رَسُولُ اللّٰهِ

"Sizin en hayırlınız, Kur'ân-ı Kerim'i öğrenen ve öğretendir."

Muhterem okuyucu kardeşim!

Evvelâ okuduğumuz hadis-i şerîfi iyice gönlümüze yerleştirmemiz gerektir.

Peygamber Efendimizin mübârek lisâniyle beyân edilen bu büyük hayır müessesesi- Kur'ân okumak ve okutmak. Her müslüman önce Kur'ân-ı Kerim'i okuyacak (İlk vazîfesi Kur'ân'ı öğrenmek). Sonra Kur'an okumasını bilmeyen müslüman kardeşine okutup öğretecek (İkinci vazife de öğretmek). Yâni feyz alacak, hem de müslüman kardeşlerinin feyz almaları için vâsıta olacak, hayra delâlet edecek. Her ikisini yapan en kıymetli (hayırlı) insanların yanında yerini alacak demektir.

İşte bu gerçekten sonra derim ki: Kur'ân-ı Kerim okumayı arzu eden her müslümana evvâla "Tecvîd" ilmini bilmesi, öğrenmesi îcâbeder. Tecvîd demek, Kur'ân-ı Kerim okurken, her harfin hakkını vermek demektir. Tecvîd, harfleri mahreclerinden (çıkış yerlerinden) yerli yerince çıkarıp her birinin sıfat-ı lâzimesi ve sıfat-ı ârızasına riâyet etmek demektir.

Tecvîd ilmi, yüce Kur'ânımızı nasıl ve ne şekilde güzel okumak mümkün olacağını bildirip gösteren ilmin adıdır. Tecvîd, Kur'ân-ı Kerim harlerinin mahreclerini (çıkış yerlerini) gösteren ve bu harflerin nasıl çıkarılacağını öğreten, bildiren ilim, bilgi demektir.

"KUR'ÂN-I HAKÎM ELİFBASI" isimli cüzümüzden bizi tanıyan kardeşlerimiz, bizden bir "Tecvîd" kitabı yazmamızı taleb ettiler.

Bu vesîyleyle hem bize mektup yazmak lutfunda bulunan kardeşlerim - meslektaşlarımın isteklerini yerine getirmek hem de Peygamberimizin, en hayırlı bir vazîfe olduğunu haber verdiği, Kur'ân-ı Kerîm öğretim müessesesinde ufacık bir hizmetim bulunsun niyyet-i hâlisasıyle bu nâçiz eserimi tertip edip müslüman kardeşlerimin istifâdelerine arzetmiş bulunuyorum.

Her müslümanın faydalanabileceği bir şekilde (uslûb ve tarzda) hazırlanan bu kitabıma **"Kur"ân Talebelerine Sualli cevablı TECVÎD Dersleri"** adını verdim.

"Kur"ân-ı Kerimi" öğretip okumak isteğinde bulunan müslüman kardeşlerime ufak bir hizmette bulunmak istedim. Muvaffakiyet ancak Allâhü Teâladandır.

El'Hâcc Hattât Hâfız
Yûsuf TAVASLI

بَابُ حُرُوفِ مَدّ

BÂB-Ü HURÛF-İ MED

Suâl: Harf-i Medd ne demektir?

Cevâb: ***Harf-i Medd, uzatma harfi demektir.***

Suâl: Medd ne demektir?

Cevâb: ***Medd, uzatmak demektir.*** Tecvîd lisânında ise, harf-i medd ile sesin uzatılmasına (çekilmesine) Medd denir.

Suâl: Harf-i Medd kaç tânedir?

Cevâb: ***Harf-i Medd üçtür, "vav, yâ, elif" dir.***

ا Elif, ى Ye, و Vav.

Suâl: Vav ne zaman harf-i medd olur?

Cevâb: ***"Vav" sâkin*** *(harekesiz)* ***olsa, mâkabli*** *(vavdan evvelki harf)* ***mazmûm*** *(ötreli)* ***olsa, o zaman vav, harf-i medd olur*** *(uzatma vazîfesi görür)*. Misâl:

يَزُورُ، يَصُومُ، يَقُولُ زُو صُو قُو

Suâl: "Yâ" ne zaman harf-i medd olur?

Cevâb: ***"Yâ" sâkin*** *(harekesiz)* ***olsa, mâkabli*** *(yâdan evvelki harf)* ***meksûr*** *(esreli)* ***olsa, o zaman "Yâ" harf-i medd olur*** *(uzatma vazifesi görür)*. Misâl:

قِيلَ كِيدَ نِيلَ زِيدَ قِي كِي نِي زِي

Suâl: "Elif" ne zaman harf-i medd olur?

Cevâb: ***"Elif" sâkin olsa mâkabli meftuh*** *(üstünlü)* ***olsa, o zaman "Elif" harf-i medd olur.*** Misâl:

بَادَرَ قَالَ كَانَ تَابَ بَا قَا كَا تَا

Suâl: Harf-i Medd'in üçünü birden bir kelimede misâl verebilir misin?

Cevâb: Veririm. ***Bu üç harf ÛTÎNÂ'da Yâni:***

(û, tî, nâ...) أُوتِينَا (ÛTÎNÂ)

kelimesinde toplanmıştır.

SEBEB-İ MED

Suâl: Sebeb-i medd kaç tânedir?

Cevâb: ***Sebeb-i medd, iki tânedir:***

1. ***Hemze,***
2. ***Sukûndur.***

Suâl: Sebeb-i medd ne demektir?

Cevâb: ***"Elif", "vâv" ve "yâ"nın harf-i medd olmalarına*** *(bir elifden fazla çektirmeğe)* ***sebeb olan*** *(âmîl)* ***demektir.***

Suâl: "Hemze" ne demektir?

Cevâb: ***Harekesi olan elif demektir. İki şekilde yazılır.*** Misâl:

ءَ ءِ ءُ اَ اِ اُ

Suâl: Sukûn ne demektir?

Cevâb: ***Sukûn harekesi olmayan harf demektir*** *(Yâni cezim ve şeddeli harf demektir).*

تّ قّ تْ بْ نْ

Burada harfler sâkin (sukûnlu)dur. Çünkü hiç birinde hareke yoktur.

Suâl: Hareke neye denir?

Cevâb: ***"Hareke" üstün, esre, ötreye'ye denir.***

بَابُ مَدِّ طَبِيعِى

BÂB-Ü MEDD-İ TABİİ

Suâl: Medd-i tabiî ne demektir?

Cevâb: ***Tabiî olarak uzatmak demektir.***

Suâl: Medd-i tabiî ne zaman olur?

Cevâb: ***Bir kelimede harf-i medd*** *(vav, yâ, elif)* ***den biri bulunup da harf-i medden sonra sebbeb-i medd denilen "hemze" veya "sukûn"dan biri bulunmadığı zaman medd-i tabiî olur.***

Suâl: Medd-i tabiî'ye misâl (örnek) gösterebilir misin?

Cevâb: Gösteririm:

تَوَّابًا ❁ اَبَدًا ❁ طٰهٰ ❁ يَقُولُ ❁ يَكُونُ ❁ يُرِيدُ ❁

Suâl: Medd-i tabiî ne kadar uzatılır?

Cevâb: ***Bir elif miktarı*** *(yâni; bir parmak kaldıracak kadar)* ***uzatılır demektir.***

Suâl: Medd-i tabiî'nin başka adı var mıdır?

Cevâb: ***Vardır. Medd-i tabiî'ye ayrıca medd-i aslî ve medd-i zâtî de denir.*** *Başka bir sebeble (âmile) dayanmadan, tabiî uzatmalık kendi zâtında ve aslında oluşundan bu isimlerle de isimlendirilmiştir.*

Suâl: Sebeb-i medd'e dayanan diğer medd'lerin başka isimleri var mıdır?

Cevâb: ***Vardır. Medd-i mezîd ve Medd-i fer'i diye isimlenirler.*** *Bunlar:* ***Medd-i Muttasıl, Medd-i Munfasıl, Medd-i Lâzım, Medd-i Arız*** *ve* ***Medd-i Lîn*** *bölümündedir. Ayrıca bunlara* ***Medd-i Vâcib, Medd-i Câiz, Medd-i Lâzım*** *ve* ***Medd-i Ârız*** *isimleri de verilmiştir. Bu medd'ler, bir sebeb'e (bir âmile) muhtaç olduğundan dolayı kendilerine bu isimler verilmiştir.*

بَابُ مَدِّ مُتَّصِلٍ

BÂB-Ü MEDD-İ MUTTASIL

Suâl: Medd-i Muttasıl ne demektir?

Cevâb: ***Medd-i Muttasıl, bitişik uzatma demektir.*** *Yâni; harf-i medd ile sebeb-i medd bir kelimede bulunmuş demektir.*

Suâl: Medd-i Muttasıl ne vakit olur?

Cevâb: ***Harf-i medd'den biri bulunup harf-i medd'den sonra da sebeb-i medd'den hemze olup her ikisi bir kelimede bulundukları zaman*** *(Tecvîd hükmü)* ***Medd-i Muttasıl olur.***

Suâl: Misâl (örnek) verebilir misin?

Cevâb: ***Veririm.***

جَآءَ ❁ جِاْيٓءَ ❁ سُوٓءَ ❁ يَشَآءُ ❁ أُولَٰٓئِكَ ❁ مَلَٰٓئِكَةٌ

Suâl: Medd-i Muttasıl ne kadar uzatılır?

Cevâb: ***Medd-i Muttasıl, dört elif miktarı uzatılır.*** *Dört elif miktarı demek dört parmak kaldıracak kadar demektir.*

Suâl: Medd-i Muttasılın hükmü nedir?

Cevâb: ***Medd-i Muttasılın*** *(Tecvid hükmü)* ***vâcibtir, yâni uzatmak gereklidir.*** Çünkü, bütün kırâat imâmları (Kur'ân okuma ilmiyle uğraşan âlimler) medd ettiler (uzattılar), kasr etmediler (kısaltmadılar). Yâni; bir eliften fazla çektiler, medd-i tabiî gibi bir elif çekmekle bırakmadılar demektir.

Kırâat-ı Âsım üzere (ki biz, onun kırâatı üzere okuyoruz; Âsımın kırâatını benimsemiş kabûl etmişiz) ve Âsım'dan rivâyet eden Hafs'a göre dört elif miktarı uzatmaktır.

بَابُ مَـدِّ مُنْفَصِلْ

BÂB-Ü MEDD-İ MUNFASIL

Suâl: Medd-i Munfasıl ne demektir?

Cevâb: ***Ayrı Medd demektir. Yâni harf-i medd ile sebeb-i medd olan hemze ayrı ayrı kelimelerde bulunuyor demektir.***

Suâl: Medd-i Munfasıl ne zaman olur?

Cevâb: ***Harf-i medd'den biri bir kelimede, harf-i medd'den sonra gelen sebeb-i medd olan "hemze" de ayrı bir kelimede bulunduğu zaman*** *(Tecvîd hükmü)* ***Medd-i Munfasıl olur.*** *(Yâni; Tecvîd lisânında buna Medd-i Munfasıl denir.)*

Suâl: Medd-i Munfasıla misâl gösterebilir misin?

Cevâb: ***Gösteririm:***

يَاۤ اَيُّهَا ❁ تُوبُوۤا اِلَى اللّٰهِ ❁ اِنّ۪ۤي اَخَافُ اللّٰهَ

Kelimelerinde olduğu gibi.

Bu misâllerde görüyoruz ki, harf-i medd'ler (Elif, vav, yâ) ayrı kelimede, ***(yâni Yâ..,Tûbû.., İnnî..,)*** ayrı kelimeler olup sebeb-i medd olan hemze (yâni, Elif) ayrı kelimededir. ***(Yâni, Eyyühâ, ilallâh ve ehâfü)*** kelimeleri de ayrı ayrı kelimelerdir.

Suâl: Medd-i Munfasıl ne kadar uzatılır?

Cevâb: ***Medd-i Munfasılın medd'i, kırâat-ı Âsım ve rivâyet-i Hafs'a göre dört elif miktarı uzatılır.***

Suâl: Medd-i Munfasılın medd'inin hükmü nedir?

Cevâb: ***Medd-i Munfasılın** (Tecvîd hükmü) **câizdir. Yâni kırâat imâmları arasında muhtelefün fîh'dir. Bâzıları uzatmış** (medd-i tabiî üzerine ilâve etmiş), **bazıları da kasr etmişler** (medd-i tabiî gibi bir elif miktarı uzatmışlar) **demektir.***

Suâl: Harf-i medd mukadder (gizli) olur mu?

Cevâb: ***Bâzan harf-i medd yazılışta görünmez, okunuşta görünür. Buna mukadder** (gizli, yazılışta olmayan) **harf-i medd denir.*** Misâl:

مِنْ عِلْمِهٖٓ اِلَّا... عِنْدَهٗٓ اِلَّا بِاِذْنِهٖ ۞ اَنَّ مَالَهٗٓ اَخْلَدَهٗ

Bu misâllerde **(min ılmihî)** de *"Yâ"*, **(indehû)** de *"vav"*, **(mâlehû)** de *"vav"* harfleri gizlidir. Okunuşta var, yazılışta yoktur. Bunlara gizli (Mukadder) harf-i medd denir.

Suâl: Medd-i Muttasıl hemzesi ile, Medd-i Munfasıl hemzesi arasında yazılış bakımından fark (ayrılık) var mıdır?

Cevâb: ***Vardır. Medd-i Muttasılın hemzesi "ayın" harfinin başı gibi yuvarlak yazılır ve harf-i medd ile hemze bir kelimede bulunur.***

Medd-i Munfasılın hemzesi ise, çizgi gibi uzun yazılır ve ayrı ayrı kelimelerde bulunur. Geçen misâllere bakınız.

Bâzı yerlerde kaide hârici (kural dışı) olarak Medd-i Muttasılın hemzesi uzun elif şeklinde gelmiştir. Misâl:

اَنْ تَبَوَّاٰ.. اَلسُّوٰاٰ..

Kelimelerinde olduğu gibi.

Bâzı yerlerde de kaide dışı olarak Medd-i Munfasıl olan kelimelerde de hemzeler "ayın" başı gibi yuvarlak hemze şeklinde gelmiştir. Misâl:

يَا وَيْلَتٰٓى ءَاَلِدُ ❁ هٰٓؤُلَٓاءِ ❁ قَالُوٓا ءَاِذَا.. ❁

Kelimelerinde olduğu gibi.

Bu kelimeler kaide dışı olarak böyle gelmiştir. Umum kaide Medd-i Muttasılların hemzeleri yuvarlak, Medd-i Munfasıl hemzeleri uzun "elif" şeklinde gelir. Kaide budur.

بَابُ مَدِّ لَازِمْ

BÂB-Ü MEDD-İ LÂZIM

Suâl: Medd-i lâzım ne demektir?

Cevâb: ***Mutlaka uzatılması gerekli olan medd demektir.***

Suâl: Medd-i lâzım ne zaman olur?

Cevâb: ***Harf-i medd'den biri bulunup harf-i medd'den sonra gelen sebeb-i medd, sükûn'ü lâzım*** *(cezim veya şeddeli harf)* ***bir kelimede bulunduğu zaman, medd-i lâzım olur.*** Misâl:

وَلَا الضَّٓالّ۪ينَ ۞ اَلْحَٓاقَّةُ ۞ تَأْمُرُٓونّ۪ي ۞

Suâl: Sükûn-i lâzım ne demektir?

Cevâb: ***Sükûn-i lâzım, durulduğunda da, geçildiğinde de sâbit olan sükûndur. Yâni; Vakfen*** *(durulunca)* ***ve vaslen*** *(geçilince)* ***sâbit olan, durumunu muhâaza eden sükûn*** *(cezim ve şedddeli harf)* ***demektir.***

Suâl: Medd-i lâzım kaç türlüdür?

Cevâb: ***Medd-i lâzım kelime ve harf olmak üzere ikiye ayrılıp cezim ve şeddeli olmak üzere de iki bölüme ayrıldığından dört çeşit medd-i lâzım vardır.***

1 – *Kelime-i müsakale (şeddeli kelime):*

ٱلْحَآقَّةُ ۞ وَلَا ٱلضَّآلِّينَ ۞

2 – *Kelime-i mühaffefe* (cezimli *kelime*):

آلْآنَ ۞

3 – *Harf-i müsakkale* (şeddeli *harf*):

الٓمٓ (لامى) والٓمٓصٓ (لامى) وطسٓمٓ (سين) وحمٓ (ميمى)

"Elif lâm mim"in (lâmı) *ve* **"Elif lâm mim sâd"**ın (lâmı) *ve* **"tâ sîn mîm"**in (sîni) *ve* **"hâ mîm"**in (mimi) *gibi.*

4 – *Harf-i mühaffefe* (cezimli *harf*):

الٓمٓ (ميمى) والمٓصٓ (ميمى، وصادى) والٓرٰ (لامى) وحمٓ (ميمى)

"Elif lâm mim"in (mimi) *ve* **"Elif lâm mim sâd"**ın (mimi *ve* sâdı) *ve* **"Elif lâm râ"**nın (lâmı) *ve* **"Hâ mim"**in (mimi) *gibi.*

Suâl: Kelime-i müsakkale ne demektir?

Cevâb: ***Kelime-i müsakkale, ağır kelime demektir.***

Suâl: Kelime-i mühaffefe ne demektir?

Cevâb: ***Hafif kelime demektir. Harf-i müsakkale ile harf-i mühaffefe deböyledir.***

Suâl: Bunlara neden bu isimler verilmiştir?

Cevâb: ***Şeddeliler, cezimlilere nisbetle okunuşta daha ağır olduklarından onlara "Müsakkal", cezimliler de, şeddelilere nisbetle okumada daha hafif olduğundan da "Mühaffef" ismi verilmiştir.***

Suâl: Medd-i lâzım ne kadar uzatılır?

Cevâb: ***Medd-i lâzımı dört elif miktarı uzatmak vâcibtir.*** Çünkü bütün kurrâ - kırâat imâmları (Kur'ân okuma ilmiyle uğraşan âlimler) bunda görüş birliğindedirer. Aralarında ittifak etmişlerdir.

بَابُ مَدِّ عَارِضْ

BÂB-Ü MEDD-İ ÂRIZ

Suâl: Medd-i ârız ne demektir?

Cevâb: ***Durak meddi, yâni; uzatma sebebi olan sükûn-i ârızın sonradan olması, kelimede durak sebebiyle çekmenin meydana gelmesi demektir.***

Eğer duraktaki kelimede durulmazsa medd-i ârız olmaz. O zaman son harf kendi harekesine göre okunur. Bu kelimedeki Tecvîd hükmü ise medd-i tabiî olur.

Suâl: Medd-i ârız ne zaman olur.

Cevâb: ***Bir kelimede harf-i medden biri bulunup ondan sonra gelen sebeb-î medd, sükûn-i ârız olursa Medd-i ârız olur.*** Misâl:

يَعْلَمُونْ (يَعْلَمُونَ) يَوْمِ الدِّينْ (يَوْمِ الدِّينِ) نَسْتَعِينْ (نَسْتَعِينُ)

Suâl: Medd-i ârız ne kadar çekilir?

Cevâb: ***Medd-i ârız en az bir veya iki elif, en çok dört elif miktarı uzatılır.***

Suâl: Medd-i ârızın tecvîd hükmü nedir?

Cevâb: ***Medd-i ârızın tecvîd hükmü câizdir.***

Suâl: Medd-i ârızda başka tecvîd hükümleri var mıdır?

Cevâb: ***Vardır. Medd-i ârız olan kelimenin son harfi üstünlü ise vecih** (üç uzatma şekli) **câizdir. Tûl** (uzun), **tevassut** (orta), **kasr** (kısa). **Tûl, dört elif miktarı, tevassut, iki elif miktarı, kasr, bir elif miktarı çekmek demektir.***

Medd-i ârız olan kelimenin son harf-i esreli ise, dört vecih câizdir: Tûl, tevassut, kasr ve revm.

Üzerinde durulan kelimenin son harf'i ötreli ise, yedi vecih câiz olur: Tûl, tevassut, kasr, tûl ile işmâm, tevasssut ile işmâm, kasr ile işmâm, bir de revm.

Suâl: Revm ne demektir?

Cevâb: ***Harf'in harekesini gizli sesle göstermek demektir.***

Suâl: Revm'in Arabca târifini söyler misin?

Cevâb: ***Söylerim.***

اَلرَّوْمُ: طَلَبُ الْحَرَكَةِ بِصَوْتٍ خَفِيٍّ

Suâl: İşmâm ne demektir?

Cevâb: ***Sükûnden** (sesi kestikten) **sonra dudakların yumulması demektir.***

Suâl: İşmâmın Arabca târifini söyler misin?

Cevâb: ***Söylerim.***

اَلْاِشْمَامُ: اِنْضِمَامُ الشَّفَتَيْنِ بَعْدَ السُّكُونِ

بَابُ مَدِّ لِينْ

BÂB-Ü MEDD-İ LÎN

Suâl: Medd-i lîn ne demektir?

Cevâb: ***Kolaylık ve yumuşaklıkla çekilen*** *(uzatılan)*, ***lisâna ağır gelmeden kolayca çıkan yumuşak medd demektir.***

Suâl: Harf'i lîn (lîn harfi) neye denir ve kaç tânedir?

Cevâb: ***Harf'i lîn, kendileri sâkin ve makablileri meftuh olan "vâv" ile "yâ" harflerine denir ve ikidir.***

Suâl: Medd-i lîn ne zaman olur?

Cevâb: ***Bir kelimede harf-i lîn'den biri bulunup ondan sonra gelen sebeb-i medd, sükûn-i lâzım veya sükûn-i ârız olursa medd-i lîn olur.***

Suâl: Medd-i lîne misâl getirebilir misin?

Cevâb: ***Getiririm:***

عَلَيْهْ (عَلَيْهِ) وَالصَّيْفْ (وَالصَّيْفِ) مِنْ خَوْفْ (مِنْ خَوْفٍ)

Suâl: Medd-i lîn'in hükmü nedir?

Cevâb: ***Medd-i lîn'in*** *(tecvîd hükmü)* ***câizdir. Zîra kırâat imâmları arasında muhtelefün fîh'dir.*** *(Bâzıları az, bâzıları fazla medd etttiler.)*

Suâl: Medd-i lîn ne kadar uzatılır?

Cevâb: ***Medd-i lîn harflerinden sonra sükûn-i lâzım olursa iki vecih câiz olur. Tûl** (dört elif miktarı uzatmak), **Tevassut** (iki elif miktarı uzatmak).* Misâl:

كٓهٰيٰعٓصٓ ۞ حٰمٓ عٓسٓقٓ

Kavl-i şeriflerinde bulunan "ayın" lafızları gibi. Bu ayınlar dâima medd-i lîn olurlar. Çünkü bunların sükûnleri sükûn-i lâzımdır.

Medd-i lîn harflerinden sonra gelen sükûn-i ârız ise, o zaman medd-i ârızın (tecvîd) hükümleri gibidir.Yâni: Bir veya iki veyâhut dört elif miktarı uzatmak câiz olduğu gibi kelimelerde durulur geçilirse, son harf harekesine göre okunur. Medd-i lîn'likten çıkar. Yukarıdaki parentez içindeki "aleyhi", "vassayfi" misâlleri geçilince ki şekli göstermektedir.

Suâl: Medd-i lîn'de her zaman revm ve işmâm câiz midir?

Cevâb: ***Hayır câiz değildir. Kelimenin sonundaki "kutb-u cedin" harflerinden birisi ise câiz değildir.*** Misâl:

بِالْغَيْبِ

Kelimesi ve benzerleri gibi.

بَابُ تَنْوِينْ وَنُونِ سَاكِنْ

BÂB-Ü TENVİN VE NÛN-İ SÂKİN

Suâl: Tenvin neye denir?

Cevâb: ***Tenvin, iki üstün, iki esre ve iki ötreye denir.***

Misâl:

اَدَبًا ، اَدَبَنْ ، اَدَبٍ ، اَدَبِنْ ، اَدَبٌ ، اَدَبُنْ ، بًا بٍ بٌ

Suâl: Nûn-i sâkin ne demektir?

Cevâb: ***Nûn-i sâkin, cezimli** (tutarlı)**, üzerinde cezim işâreti bulunan nûn demektir.***

Misâl:

نْ عَنْ مَنْ لَنْ مِنْ اِنْ

Kelimelerindeki "nûn"lar gibi.

بَابُ اِخْفَا

BÂB-Ü İHFÂ

Suâl: İhfâ ne demektir?

Cevâb: ***İhfâ, nûn sesini genizde gizlemektir.*** *(Gunneli okumak demektir.)*

Suâl: İhfâ'nın Arabca târifini söyler misin?

Cevâb: Söylerim:

اَلْاِخْفَاءُ: حَالَةٌ بَيْنَ الْاِظْهَارِ وَالْاِدْغَامِ عَارِيَةٌ عَنِ التَّشْدِيدِ مَعَ بَقَاءِ الْغُنَّةِ

İhfâ, idğam ile izhâr arasında bir hâl *(durum)* ***olup şeddeden uzak*** *(yâni şeddeli okumaktan çekinmek ve uzak durmak sûretiyle)* ***gunneli*** *(sesi genizden getirmek)* ***okumak demektir.***

İhfâ harfleri on beş harftir:

ت ث ج د ذ ز س ش ص ض ط ظ ف ق ك

Suâl: İhfâ ne zaman olur?

Cevâb: ***Tenvin veya nûn-i sâkinden sonra ihfâ harflerinden biri bulunursa*** *(tecvid hükmü)* ***"İhfâ" olur.*** Misâl:

غَنِيٌّ كَرِيمٌ ۞ وَفَتْحٌ قَرِيبٌ ۞ عَنْ صَلَاتِهِمْ ۞ مِنْ ذَكَرٍ

Suâl: İhfâ harflerini ezberde tutabilmek (hiç unutmamak) için ne lâzımdır?

Cevâb: ***Baş harfleri ihfâ harfi olan şu beyti ezberlemek lâzımdır:***

صِفْ، ذَا، ثَنَا، جُودَ، شَخْصٍ، قَدْ، سَمَا، كَرَمَا ❀

ضَعْ، ظَالِمًا، زِدْ، تُقًا، دُمْ، طَالِبًا، فَتَرَى ❀

Suâl: İhfâ ne kadar uzatılır?

Cevâb: ***İhfâ, iki harften az, bir harften fazla, yâni; bir buçuk harf miktarı uzatılır. Gunneler de aynı ölçüdedir.***

Suâl: İhfây-i şefevî (dudak ihfâsı) nasıl olur?

Cevâb: ***Mim-i sâkine'den sonra "B" harfi gelirse İhfây-i şefevî olur. Buna ihfây-i meâl-gunne de denir.***

Dudak ihfâsı, "Mim" harfini dudakta biraz gizlemek (tutmak) ile olur. Yâni dudakları basmadan "Mim" harfinin sesi genize verilerek bir parça tutulmakla yapılır. Misâl:

تَرْمِيهِمْ بِحِجَارَةٍ ❀ إِنَّ رَبَّهُمْ بِهِمْ ❀ أَمْ بِهِ

بَابُ اِظْهَارْ

BÂB-Ü İZHÂR

Suâl: İzhâr ne demektir?

Cevâb: ***İzhâr, iki harfin arasını açmak, ayırmak, iki harfin seslerini birbirine karıştırmadan açık okumak demektir.***

Suâl: İzhârın Arabca târifini söyler misin?

Cevâb: ***Söylerim:***

اَلْاِظْهَارُ: هُوَ الْاِنْفِصَالُ تَبَاعُدًا بَيْنَ الْحَرْفَيْنِ ۝

Suâl: İzhâr ne zaman olur?

Cevâb: ***Tenvin veya nûn-i sâkine'den sonra şu altı harften biri bulunduğu zaman (Tecvîd hükmü) izhâr olur... Elif, Ha, Hı, Ayın, Ğayın, He.***

ا ح خ ع غ ه ۝

Suâl: İzhâr harfi olan bu altı harfi unutmamak için ne lâzımdır.

Cevâb: ***Şu mübârek isimleri ezberlemek lâzımdır:***

اَللّٰهُ ۝ حَيٌّ ۝ خَالِقٌ ۝ عَدْلٌ ۝ غَنِيٌّ ۝ هَادِيًا ۝

Suâl: İzhâra misâl getirebilir misin?

Cevâb: Getiririm:

غَفُورٌ حَلِيمٌ • مَنْ اٰمَنَ • مِنْ خَوْفٍ

Not: İzhâr yaparken sekte gibi okumaktan son derece dikkat edip çekinmelidir.

بَابُ اِقْلَابْ

BÂB-Ü İKLÂB

Suâl: İklâb ne demektir?

Cevâb: ***Tenvin veya nûn-i sâkinden sonra "B" harfi bulunduğunda tenvin veya nûn-i sâkin tamâmen "Mim" harfine dönmesine ve genizden gelen bir sesle ihfâ yapılmasına** (gizlenmesine) **"İklâb" denir.***

Misâl:

سَمِيعٌ بَصِيرٌ ۞ مِنْ بَعْدِ ۞ لَيُنْبَذَنَّ

Semîum - basîyr. Mim - ba'di. Leyüm - bezenne gibi.

Suâl: İklâb'ın bir de Arabca târifini söyler misin?

Cevâb: ***Söylerim:***

اَلْاِقْلَابُ: هُوَ قَلْبُ النُّونِ السَّاكِنَةِ وَالتَّنْوِينِ مِيمًا خَالِصًا وَاِخْفَاؤُهَا عِنْدَ الْبَاءِ بِغُنَّةٍ

Suâl: İklâb ne vakit olur?

Cevâb: ***Tenvîn veya nûn-i sâkinden sonra "b" harfi bulunduğu zaman** (Tecvîd hükmü) **"İklâb" olur. Yukarıda görülen misâller gibi.***

Suâl: Gunne'nin Arabca târifini söyler misin?
Cevâb: **Söylerim:**

اَلْغُنَّةُ : هِىَ صَوْتٌ يَخْرُجُ عَنِ الْخَيْشُومِ ـه

Gunne, genizden çıkarılan** (genizden gelen) **ses demektir.

بَابُ اِدْغَامِ مَعَ الْغُنَّةِ

BÂB-Ü İDĞÂM-I MEAL-GUNNE

Suâl: İdğâm-i meal-gunne harfleri kaçtır?
Cevâb: ***İdğâm-i meal-gunne harfleri dörttür.***

(يَمْنُو) = ى م ن و

Harfleridir.

Suâl: İdğâm-i meal-gunne ne zaman olur?
Cevâb: ***Tenvîn veya nûn-i sâkin bu dört harfden birine uğrasa** (Tecvîd hükmü) **idğâm-i meal-gunne olur.***
Misâl:

خَيْرًا يَرَهُ ۞ فَضْلًا مِنَ اللّٰهِ ۞ وَمَنْ يَعْمَلْ ـه

Suâl: İdğâm-i meâl gunne ne demektir?
Cevâb: ***Gunneli idğâm demektir. Yâni, sesi genizden getirerek tenvîni veya nûn-i sâkini bu dört harften birine idhâl edip** (birinci harfi ikinci harfin içine girdirmek) **ikinci harfi şeddeli gibi okumaktır.***

Suâl: "Nûn-i sâkin" ile "vâv" yahut "yâ" bir kelimede bulunurlarsa ne olur?

Cevâb: ***Böyle olduğu zaman** (Tecvîd hükmü)* ***izhâr olur.*** Misâl:

بُنْيَانٌ ۞ قِنْوَانٌ ۞ صِنْوَانٌ ۞ اَلدُّنْيَا ۞

Suâl: İdğâmlar ne kadar uzatılır?

Cevâb: ***Bütün idğâmlar, ihfânın hükmü gibi en fazla bir buçuk harf miktarı uzatılabilir.***

بَابُ اِدْغَامِ بِلَا غُنَّةٍ

BÂB-Ü İDĞÂM-I BİLÂ GUNNE

Suâl: İdğâm-i bilâ-gunne ne demektir?

Cevâb: ***Gunnesiz idğâm demektir. Yâni, genizden ses getirmeden şeddeli gibi okumaktır.***

Suâl: İdğâm-i bilâ gunne harfleri kaçtır?

Cevâb: ***İdğâm-i bilâ gunne harfleri ikidir.*** *(Lâm ile râ)* ***harfleridir.***

Suâl: İdğâm-i bilâ gunne ne zaman olur?

Cevâb: ***Tenvîn veyâ nûn-i sâkin bu iki harften birine uğrasa idğâm-i bilâ-gunne olur.*** Misâl:

غَفُورٌ رَحِيمٌ ۞ هُدًى لِلْمُتَّقِينَ ۞ مِنْ رَبِّهِمْ ۞ (لَرْ) ل ر

(Mir-Rabbihim. Hüdel-lilmüttekiyn. Ğafurur-rahiym) gibi.

İdğâm-i bilâ-gunne'nin idğâmı her zaman kâmil (tam) bir idğâmdır.

بَابُ اِدْغَامِ مِثْلَيْنِ

BÂB-Ü İDĞÂM-I MİSLEYN

Suâl: İdğâm-i misleyn ne demektir?

Cevâb: ***Sâkin olan bir harfi, kendi gibi aynı cinsten olan diğer bir harfe şeddeliyip okumak demektir. Yâni, mahrecleri** (çıkış yerleri) **ve sıfatları aynı olan iki harfin birleştirilmesi ve şeddeli okunmasına** (Tecvîd dilinde) **idğâm-i misleyn denir.***

Suâl: İdğâm-i misleyn ne zaman olur?

Cevâb: ***Sâkin olan bir harf, yine kendisi gibi bir harfe uğradığı zaman idğâm-i misleyn olur.*** Misâl:

فَمَا رَبِحَتْ تِجَارَتُهُمْ ٥ اَنِ اضْرِبْ بِعَصَاكَ ٥ اٰوَوْا وَنَصَرُوا

Suâl: İdğâm-i misleyn gunneli midir, gunnesiz midir?

Cevâb: ***Nûn-i sâkin ile, mim-i sâkin gunneli, diğerleri gunnesizdir.***

Suâl: Nûn-i sâkin nûna uğradığı vakit ne olur?

Cevâb: ***Hem idğâm-i misleyn, hem de idğâm-i me'al-gunne olur.*** Misâl:

مِنْ نَارٍ ٥ وَمَنْ نُعَمِّرْهُ ٥

Suâl: Mim-i sâkin mime uğradığı vakit ne olur?

Cevâb: ***İdğâm-i misleyn meal-gunne olur.*** Misâl:

عَلَيْهِمْ مُؤْصَدَةٌ ۝ اَطْعَمَهُمْ مِنْ جُوعٍ ۝

Suâl: İdğâm-i misleyn meal-gunne ne demektir?

Cevâb: ***Genizden gelen sesle berâber sâkin olan bir harfi, kendi gibi bir harfe katıp şedde ile okumak demektir.***

Mim-i sâkinenin iki hâli (iki durumu) daha vardır:

Bâ'ya uğrasa ihfây-i şefevî** (dudak ihfâsı) **olur.

اِنَّ رَبَّهُمْ بِهِمْ ۝ تَرْمِيهِمْ بِحِجَارَةٍ ـه

Mim ile bâ'nın gayrısına uğrasa izhâr-i şefevî olur.

هُمْ فِيهِ ۝ لَكُمْ دِينُكُمْ ـه

İzhâr-i şefevî (dudak izhârı) mim-i sâkini dudakta izhâr etmek, açıktan açığa göstermek demektir. Mimin mahreci dudak olduğu için dudaklarını basarak okumakla mim-i sâkini âşikâr etmiş olur.

Suâl: İdğâm-i misleyn'in Arabca tarifini söyler misin?

Cevâb: **Söylerim:**

اِدْغَامُ مِثْلَيْنِ: مَا اتَّحَدَا مَخْرَجًا وَصِفَةً ـه

Mânâsı: ***Mahrecleri ve sıfatları aynı olan harfler demektir.***

بَابُ اِدْغَامِ مُتَجَانِسَيْنِ

BÂB-Ü İDĞÂM-I MÜTECÂNİSEYN

Suâl: İdğâm-i mütecâniseyn ne demektir?

Cevâb: ***İdğâm-i mütecâniseyn, mahrecleri bir, sıfatları** (sesleri) **ayrı olan iki harfin idğâm'ı demektir. Yâni çıkış yerleri aynı olan iki harfin şeddeli okunmasına idğâm-ı mütecâniseyn denir.***

Suâl: İdğâm-i mütecâniseyn ne zaman olur?

Cevâb: ***Mahrecleri bir, sıfatları*** (sedâları) ***ayrı olan iki harf yan yana geldiği zaman, sâkin olan birinci ikinci harfde idğâm edilip şeddeli gibi okunduğu vakit*** (Tecvid hükmü) ***idğâm-i mütecâniseyn olur.***

Suâl: İdğâm-i mütecâniseyn mahrecleri kaç tanedir?

Cevâb: ***Üç mahrecdir. Biri Tî, dâl, tâ mahrecidir. Misâl:***

لَئِنْ بَسَطْتَ . اَحَطْتُ ، فَرَّطْتُ ، وَقَالَتْ طَائِفَةٌ ، اَثْقَلَتْ دَعَوَا اللّٰهَ ، مَا عَبَدْتُمْ

İkincisi: *Zı, zâl, se mahrecidir.*

اِذْ ظَلَمُوا ، يَلْهَثْ ذٰلِكَ = ظ ذ ث

Üçüncüsü: *Bâ, mim mahrecedir.*

Misâl:

يَا بُنَيَّ ارْكَبْ مَعَنَا م (ب م)

Târifi:

اِدْغَامُ مُتَجَانِسَيْنِ: مَا اتَّحَدَا مَخْرَجًا وَاخْتَلَفَا صِفَةً ۝

Üçüncü mahrecde "Bâ"nın mim'e uğraması şarttır. Mim bâ'ya uğrarsa dudak ihfâsı olur.

"Ferrattü, ehattü, lein besatte" *kelimelerinin idğâm'ı* ***nakıs idğâm'dır.*** *Bu kelimelerde sâkin "Tı" harfi "T" harfine uğramıştır. "Tı" harfinin zâtı gizlenmiş ama sıfatı olan "ıtbak" bâkidir. Onun için buradaki idğâm,* ***idğâm-i nakıs'tır.***

Ve kâlettâifetün, eskaletde avullâh, mâ abedtüm, kad tebeyyene *kelimelerinin idğâm'ı,* ***idğâm-i tâm'dır.***

بَابُ اِدْغَامِ مُتَقَارِبَيْنِ

BÂB-Ü İDĞÂM-I MÜTEKÂRİBEYN

Suâl: İdğâm-i mütekâribeyn ne demektir?

Cevâb: ***Mahrecleri*** *(çıkış yerleri)* ***veya sıfatları*** *(sedâları)* ***birbirine yakın olan iki harf'in idğâm-ı demektir.***

Suâl: İdğâm-i mütekâribeyn ne zaman olur?

Cevâb: ***Mahrecinde veya sıfatında birbirine yakınlık olan harflerden birincisi sâkin, ikincisi harekeli olarak yan yana geldiği zaman*** *(Tecvid hükmü)* ***idğâm-i mütekâribeyn olur.*** Misâl:

قُلْ رَبِّ ۝ اَلَمْ نَخْلُقْكُمْ ۝

Suâl: İdğâm-i mütekâribeyn harflerinin mahreci kaçtır?

Cevâb: ***İki mahrecdir.***

Birincisi lâm ile râ mahrecidir. Misâl:

قُلْ رَبِّ ۝ بَلْ رَفَعَهُ اللّٰهُ ۝

Bu misâllerdeki idğâm, idğâm-i tâm'dır. Lâm-i sâkine "râ" da idğâm edilmiştir.

Not: **"Râ"** *harfi* **"lâm"** *harfine uğrarsa bizim kırâatimize göre idğâm yapılmaz. Misâl:*

يَغْفِرْ لَنَا

Kelimesinde olduğu gibi.

İkincisi, kaf ile kef mahrecidir. Misâl:

اَلَمْ نَخْلُقْكُمْ

Arabca târifi:

اِدْغَامُ مُتَقَارِبَيْنِ : مَا تَقَارَبَا مَخْرَجًا اَوْ صِفَةً

Not: *Buradaki **"kaf"** ile **"kef"** misâlindeki idğâm, **idğâm-i nakıs**'tır. Çünkü burada kaf'ın isti'lâ sıfatı kaybolmuyor. Eğer buradaki **"kaf"**, **"kef"** okunursa ki, câizdir; o zaman **idğâm-i tâm** olur. **"Kef"**i **"Kef"**de idğâm edip okumak da câizdir.*

بَابُ اِدْغَامِ شَمْسِيَّه

BÂB-Ü İDĞÂM-I ŞEMSİYE

Suâl: İdğâm-i şemsiye harfleri kaçtır?

Cevâb: ***İdğâm-i şemsiye harfleri on dört harftir.***

ت ث د ذ ر ز س ، ش ص ض ط ظ ل ن

Suâl: İdğâm-i şemsiye ne zaman olur?

Cevâb: ***Lâm-i târif adı verilen "lâm ile elif" bu on dört harfden birine uğradığı vakit*** *(Tecvid hükmü)* ***idğâm-i şemsiye olur.*** Misâl:

اَلتُّرَابُ ۝ وَالثَّوَابُ ۝ وَالتِّينِ ۝ وَالشَّمْسِ ۝ يَوْمِ الدِّينِ ۝

Suâl: İdğâm-i şemsiye ne demektir?

Cevâb: ***Elif lâmın, lâmının okunmayışı ve lâmdan sonra gelen harfin şeddeli okunmasına idğâm-i şemsiye denir.***

Suâl: Buna niçin şemsiye ismi verilmiştir?

Cevâb: ***Nasıl ki güneş varken*** *yıldızlar* ***görünmezse, burada da idğâm yapılınca*** *(lâmın)* ***hiç görünmemesi yüzünden bu harflere şemsî*** *(güneşe benzer)* ***harfler adı verilmiştir.***

Bu on dört harfi akılda tutmak için şu beyti ezberlemek lâzımdır. Çünkü bu beytin ilk harfleri idğâm-ı şemsiye harfleridir.

تُبْ، ثُمَّ، دَعْ، ذَنْبًا، رَمٰى، زِدْ، سُمْعَةً ۝ شِمْ، صَدْرَ، ضَيْفٍ، طَابَ ظَنٌّ لَهُ نِعَمْ

Lâm-i târif, nûna uğradıkça idğâm-i şemsiye mealgunne olur. Misâl:

وَالنَّاسِ ۝ وَالنَّارِ

kelimelerinde olduğu gibi.

Nûndan başka harflere uğrarsa idğâm-i şemsiye bilâ-gunne olur. Misâl:

وَالشَّمْسِ ۝ وَالتِّينِ ۝

kelimelerinde olduğu gibi.

بَابُ اِظْهَارِ قَمَرِيَّه

BÂB-Ü İZHÂR-I KAMERİYYE

Suâl: İzhâr-i kameriyye harfleri kaç harftir?

Cevâb: ***İzhâr-i kameriyye on dört harftir ki,***

ا ب ج ح خ ع غ ف ق ك م و ه ى

harfleridir.

Bu kelimeleri ezberleyiniz:

اَبْغِ حَجَّكَ وَخَفْ عَقِيمَهُ ۰

Suâl: İzhâr-i kameriyye ne zaman olur?

Cevâb: ***Lâm-i târif adı verilen "lâm ile elif" yukarıda geçen 14 harfden birine uğradığı vakit izhâr-i kameriyye olur.*** Misâl:

وَالْعَصْرِ ۰ وَالْفَجْرِ ۰ وَالْقَمَرِ ۰

kelimelerinde olduğu gibi.

Suâl: İzhâr-i kameriyye niçin denmiş?

Cevâb: ***Lâm-i târifin bulunduğu bir kelimede bu on dört harften biri bulunsa, lâm-i târifin lâm'ı okunur. Nasıl ay varken yıldızların görünmesi gibi,*** *(lâmın)* ***okunmak sûretiyle görünmesi yüzünden bu harflere Kamerî*** *(aya benzeyen)* ***harfler adı verilmiştir.***

بَابُ قَلْقَلَه

BÂB-Ü KALKALE

Suâl: Kalkale harfleri kaç harftir?

Cevâb: ***Beş harftir ki,***

قُطْبُ جَدٍ ۰

harfleridir.

Suâl: Kalkale ne zaman olur?

Cevâb: ***Bu beş harften biri, kelimenin ortasında veya sonunda sâkin olarak bulunduğu vakit** (Tecvid hükmü) **kalkale olur.***

Suâl: Kalkale ne demektir?

Cevâb: ***Sesi harfin çıkış yeri** (mahreci)**nden kuvvetlice duyulacak şekilde vurgulu olarak titremeğe** (Tecvid'de) **kalkale denir.*** Misâl:

يَدْخُلُونَ ۰ اَحَدْ ۰ فَجْرْ ۰ شِقَاقْ ۰ اَنَابْ ۰ جَدِيدْ

Suâl: Kalkale yaparken nelere dikkat edilir?

Cevâb: ***Kalkale yapılırken, kalkale harfinin önündeki harfin harekesi göz önüne alınır. Yâni, hareke** (üstün, esre, ötre) **olabileceğine göre, kalkale önceki harfin sesine uygun bir şekilde yapılır.***

Dikkat: Bir de kalkaleyaparken, harfe hareke vermekten, hemzeden, şeddeden, sekteden ve fazla ses çıkarmaktan (ifrattan) sakınmak lâzımdır.

بَابُ حُكْمُ الرَّاءِ

BÂB-Ü HÜKMÜR'RÂ

Suâl: Hükmür'râ ne demektir?

Cevâb: ***"Râ" harfinin durumu, okunuş şekilleri demektir.***

Suâl: "Râ" harfi kaç yerde kalın okunur?

Cevâb: ***"Râ" harfi beş yerde kalın okunur:***

1. *Râ harfinin harekesi üstün veya ötre olduğu zaman kalın okunur. Misâl:*

اَلرَّحْمٰنُ • اَلرَّحِيمُ • وَالرُّوحُ • نَصْرُ اللّٰهِ • رَحْمَةً •

2. *Râ sâkin olup makabli meftuh veya mazmum olsa kalın okunur. Misâl:*

وَانْحَرْ • مَنْ شَكَرْ • بِالنُّذُرْ •

3. *Râ sâkin olup râdan önceki harf de sâkin ise, bu sâkin harf'den önceki harf meftuh veya mazmum olduğu zaman yine râ kalın okunur. Misâl:*

بِالصَّبْرْ • مِنْ كُلِّ اَمْرْ • فِي الصُّدُورْ •

4. *Râ sâkin olup râdan sonra istilâ harfi adı verilen*

خُصَّ ضَغْطٍ قِظْ •

harflerinden biri bulunursa o zaman râ yine kalın okunur. Misâl:

مِرْصَادًا • وَقِرْطَاسٍ • وَفِرْقَةٍ •

5. Râ sâkin olup râ'nın makablinin esresi ârız olsa o zaman râ harfi yine kalın okunur. Misâl:

اِرْجِعِى • لِمَنِ ارْتَضٰى •

Suâl: Râ harfi kaç yerde ince okunur?

Cevâb: ***Râ harfi dört yerde ince okunur?***

Birincisi: Râ harfinin harekesi esre olduğu zaman ince okunur. Misâl:

بِالْبِرِّ • تَجْرِى • صَابِرِينَ •

İkincisi: Râ sâkin olup makabli meksür olduğu zaman ince okunur. Misâl:

وَاصْبِرْ • وَاصْطَبِرْ • وَاسْتَغْفِرْهُ

Üçüncüsü: Râ sâkin olup makabli de sâkin ise, önceki harf de esreli olduğundan râ yine ince okunur. Misâl:

قَدِيرْ • بَصِيرْ • حِجْرْ • بِكْرْ •

Dördüncüsü: Râ sâkin olup makablinde de "lîn" harfinden "y" bulunursa râ yine ince okunur. Misâl:

خَيْرْ • سَيْرْ •

Suâl: Râ'nın ne zaman ince kalın okunması câiz olur?

Cevâb: ***Râ sâkin olup istilâ harfinin de esresi varsa hem ince hem de kalın okumak câiz olur.*** Misâl:

كُلُّ فِرْقٍ • kelimesinde olduğu gibi.

بَابُ لَفْظَةِ اللّٰهِ

BÂB-Ü LAFZATULLÂH

Suâl: Allah (C.C.) lâfzının lâmları ne zaman kalın okunur?

Cevâb: ***Üst tarafı üstün veya ötre olduğu zaman kalın okunur.*** Misâl:

اَللّٰهُ ۞ هُوَ اللّٰهُ ۞ نَصْرُ اللّٰهِ ۞ مِنَ اللّٰهِ ۞ رَسُولُ اللّٰهِ ۞

Suâl: Ne zaman ince okunur?

Cevâb: ***Önceki harf esreli olduğu zaman ince okunur.*** Misâl:

بِاللّٰهِ ۞ لِلّٰهِ ۞ عَنِ اللّٰهِ ۞ فِي دِينِ اللّٰهِ ۞ فِي رَسُولِ اللّٰهِ ۞

بَابُ الضَّمِيرِ

BÂB'ÜZ-ZAMÎR

Suâl: Zamîr neye denir?

Cevâb: ***Kelimenin aslından olmayan*** *(yuvarlak gözlü hâ'lara)* ***zamîr denir.***

Suâl: Bu zamîrler hangi hâllerde medd olur?

Cevâb: ***Zamîrin makabli harekeli olduğu zaman medd olur*** *(uzatılır)*. Misâl:

اِنَّهُ • بِهٖ • وَلَهُ • رَبُّهُ • مِنْ اَمْرِهٖ •

Suâl: Zamîrler hangi hâllerde medd olunmaz?

Cevâb: ***Zamîrin makabli sâkin olduğu zaman medd edilmez*** *(çekilmez)*. Misâl:

عَلَيْهِ • اِلَيْهِ • فِيهِ • مِنْهُ • عَنْهُ •

Zamîrden sonra gelen kelime sâkin ise, zamîr medd edilmez. Misâl:

كُرْسِيُّهُ السَّمٰوَاتِ

Suâl: Zamîr'lerde değişik durum var mıdır?

Cevâb: *Vardır.*

وَمَا نَفْقَهُ ۞ لَمْ يَتَسَنَّهْ ۞ فَوَاكِهُ

Kelimelerindeki yuvarlak "hâ"ler, zamîr gibi yazılmıştır, fakat zamîr değildir. Onun için de medd edilmezler *(uzatılmazlar).*

Bir de sûre-i Furkân'da bulunan:

فِيهِ مُهَانًا ۞

deki *"Fîhi" medd edilir (uzatılır).* ***Bu kaide (kural) dışında kalmaktadır. "Fîhî" zamîrdir. Ama uzatılır.*** *Bu zamîrin uzatılışında iki sebeb vardır: Birincisi* ***mânâ bakımındandır ki, azab-ı muzâaf üzerine tenbih ve îkazdır ki erbâbına mâlûmdur.***

İkincisi, ***Hâ'nın esresinden, mim'in ötresine geçmek lisâna ağır geldiğindendir. Hâ'yı uzatarak okumak bu külfeti kaldırıp kolaylık sağlıyor.***

Bir de,

يَرْضَهُ لَكُمْ ۞

deki zamîr olan "hâ"nın evveli harekeli olduğu hâlde çekilmez.

Görünüşde "hâ"nın evveli her ne kadar harekeli gibi ise de aslında harekeli gibi ise de aslında harekele değil sâkindir. Çünkü

۞ يَرْضَهُ *nun aslı* ۞ يَرْضَاهُ *dur.*

Cümlede "in"i şartıya vardır. Bundan dolayı "elif" lâfzan düşmüş olduğundan, hükmen "hâ"nın makabli sâkin demektir. Zamîrlerin makabilleri sâkin olunca umum kaideye göre, zamîrler çekilmez-uzatılmaz. Misâllerini kendi bölümlerinde gördük. Bâzı yerlerde birkaç kelime kural dışı gelmiş gibi görünürse de incelikleri, sebebleri vardır, arzettiğimiz gibi.

بَابُ السَّكْتَه

BÂB'ÜS-SEKTE

Suâl: Sekte ne demektir?

Cevâb: ***Sekte, sesi kesip nefes almadan bir miktar durmak demektir.***

Suâl: Kur'ân-ı Kerîm'de sekte kaç yerdedir?

Cevâb: ***Bizim kırâatımız*** *(Âsım kırâatına)* ***göre dört yerdedir:***

1. Kehif Sûresinde: عِوَجَا ۜ قَيِّمًا
2. Yâsin Sûresinde: مِنْ مَرْقَدِنَا ۜ هٰذَا
3. Kıyâme Sûresinde: وَقِيلَ مَنْ ۜ رَاقٍ
4. Mutaffifîn Sûresinde: كَلَّا بَلْ ۜ رَانَ

Suâl: Kur'ân-ı Kerîm'de başka hangi kelimelerde sekte yapılır?

Cevâb: ***Yedi yerde daha sekte yapmak câizdir.***

لَمْ يَتَسَنَّهْ ۔ وَاقْتَدِهْ ۔ وَكِتَابِيَهْ ۔

وَحِسَابِيَهْ ۔ وَمَالِيَهْ ۔ وَسُلْطَانِيَهْ ۔ مَاهِيَهْ

Bu kelimelerde durulmayıp geçildiği takdirde sekte yapılır. Çünki, bunların sükûnleri (cezimleri) sükûn-i lâzımdır (kelimelerin cezimleri asıldır, ayrılmaz). Bunu belirtmek için bu kelimelerde durulmadığı zaman (vasıl hâlinde) sükûn-i lâzımeyi belirtmek için sekte yapmak câizdir.

Not: *"İvecâ" ve "min merkadina"* kelimelerinde durak olduğundan, bu kelimelerde durulursa sekte yapılmaz. Durursak nefes olursa sekte yapılmaz. Yukarıda görüldüğü gibi durmaz geçersek, sekte yaparak geçeriz.

مَخَارِجِ حُرُوفْ

KUR'ÂN-I KERÎM HARFLERİNİN MAHRECLERİ (ÇIKIŞ YERLERİ)

ا ء **Hemze:** Boğazın sonunda göğse bitişik olan yerden çıkar. Açık ve kuvvetlice söylenir, ince okunur.

ب **Be:** İki dudağı birbirine vurarak kuvvetlice söylenip çıkarılır. Okunuşu ince, açık ve serttir.

ت **Te:** Dilin ucunu yukarı dişlerin ortasına vurmak sûretiyle çıkarılıp söylenir. İnce ve kuvvetli basılarak okunur.

ث **Se:** Dilin ucunu üst dişlerden biraz dışarı çıkarmakla söylenir. İnce, peltek ve yumuşak okunur.

ج **Cim:** Dilin ortasını üst damağa vurmakla söylenip çıkartılır. Okunuşu ince, açık ve sert'tir.

ح **Ha:** Boğazın ortasından, boğaz hafif sıkılarak çıkarılır. İnce ve yumuşak okunur.

خ **Hı:** Boğazın evvelinden, boğaz hırıldatarat çıkarılır. Kalın ve yumuşak söylenerek okunur.

د **Dal:** Dilin ucu, üstteki ön dişlerin ortasına vurarak çıkarılır. Söylenişi sert, açık ve ince okunur.

ذ **Zâl:** Dilin ucunu, üst dişlerin başlarından biraz dışarı çıkarmak sûretiyle çıkarılır. Açık, ince ve peltek okunur.

ر **Ra:** Dilin ucunun biraz arkasını üst ön dişlerin dibine vurarak çıkarılır. Kaidesine göre bâzan ince, bâzan kalın okunur.

ز **Ze:** Dil ucu ön dişlerin uçlarına değerek çıkaralır. Açık, ince ve yumuşak okunur.

س **Sin:** Dil ucu iki alt ön dişlerin ortasından başlarına yakın yere vurmak sûretiyle çıkarılır. İnce ve yumuşak okunur.

ش **Şın:** Dil ortasını damağa dayamak sûretiyle çıkarılır. İnce ve yumuşak söylemekle okunur.

ص **Sat:** Dilin ucuyla ön dişlerin yarısından çıkarılır. Kalın ve yumuşak telâffuz edilip okunur.

ض **Dat:** Dilin yan tarafını sağ veya soldaki üst yan dişlere vurarak telâffuz edilir (okunur, söylenir).

ط **Tı:** Dil ucu üst ön dişlerin etlerine yakın olan yere vurulmak sûretiyle çıkarılır. Kalın, kuvvetlice ve açık okunur.

ظ **Zı:** Dil ucu üst ön dişlerin başlarından biraz dışarı çıkmak sûretiyle çıkarılır. Açıt, yumuşak ve kalın okunur.

ع **Ayın:** Boğazın ortasından, boğaz hafif sıkılarak çıkarılır. İnce ve açık okunur.

غ **Gayın:** Boğazın evvelinden çıkarılır. Kalın, açık ve yumuşak okunur.

ف **Fe:** Ön dişlerin ucu ile alt dudağın içinden çıkarılır. İnce ve yumuşak okunup, telâffuz edilir.

ق **Kaf:** Dil kökünün damağa vurmasıyla çıkarılır. Kalın ve sert okunur.

ك **Kef:** Kafın çıktığı yerin az daha aşağısından çıkarılır. İnce ve kuvvetlice telâffuz edilip okunur.

ل **Lâm:** Dad'ın çıkış yerinden itibâren dilin uç tarafını damağa vurarak çıkarılır. İnce ve açık okunur.

م **Mim:** Dudak içleri birbirine hafifçe vurularak çıkarılır. İnce okunur.

ن **Nun:** Dilin ucu ile üst dişlerin dibine yakın olan damaktan çıkarılır. Söylenişi incedir.

و **Vav:** Dudakların öne doğru toparlanmasıyla çıkarılır. Yumuşak ve ince okunur.

ـه **He:** Boğazın sonunda göğse bitişik olan karın boşluğundan çıkarılır. İnce ve yumuşakça söylenip okunur.

لا **Lâm-elif:** Lâm ile elifin birleşmesinden meydana gelmiştir.

ى **Ye:** Dilin ortasının üst damağa vurarak çıkarılır. İnce, yumuşak telâffuz edilir.

ŞİİRLE SECDELERİN BEYÂNI

Geldi ondört yerde bil gil secde-i Kur'ân temâm
Yedisi farz, üçü vâcib, dördü sünnet ey hümâm
Farz: Ârâf, Nahl, İsrâ, Râd, Meryem, Hac, Sâd.
Vâcib: Furkân, Elif lâm mîm, Hâmîm vesselâm.
Sünnet oldu: Neml, İkrâ, Necm hem İnşikâk.
Kâri ü sâmi' olana emr eder Rabbül-enâm.

TAVASLI YAYINLARI

K01	Açıklamalı Rüyâ Tabirleri Ans (I. HM)
K01/A	**Açıklamalı Rüyâ Tabirleri Ans (II. HM)**
K02	Ölüm Öncesi ve Sonrası (Kıyamet-Ahiret) Ciltli B.Boy (I. HM)
K03	**Camilerimiz ve Namaz**
B01	**Tam Namaz Hocası (II. HM)**
B02	Dualı Namaz Hocası (II. HM)
B03	**Dualı Namaz Hocası Ciltli (I.HM)**
B04	Tam Duâ Kitabı (Mana ve Anlamlarıyla)
B05	**Kolay Namaz Hocası**
B06	Muhtasar Namaz Hocası
B07	**Kolay Duâ Kitabı**
B08	Dini Hikâyeler (7'den 70'e)
B09	**30 Ramazan Vaazı**
B10	Kızımın Din Kitabı (Özel Bilgiler)
B11	**32 Farz (İlmihal Bilgileri)**
B12	Duâlı İlâhi Kitabı (Hanımlara)
B13	**Mevlid-i Şerîf (Günümüzde Okunan Şek.)**
B14	Kabirlerde Yâsin-i Şerif Nasıl Okunur?
B15	**Peygamberler Tarihi (4 Halifenin Hayatı)**
B16	7 Âyet Yasin ve Duâlar (Türkçeli) Şamua (I. HM)
B17	**Dini Hikâyeler Demeti (Hanımlara)**
B18	40 Hadis-i Şerif (Peygamberimizin Seçme Hadisleri)
B19	**Dînî Hikâyeler (7'den 70'e) Ciltli (I.HM)**
B20	Kasideler - Nâtı Şerifler (Notalı)
B21	**Tecvid Karabaş Açıklamalı**
B22	Musahhah Mevlid-i Şerîf
B23	**Elif Cüzü Elifba**
B24	Duâ Demetleri (24 Saat İçinde Yap. Duâlar)
B25	**İnce Rüya Tabirleri**
B26	Tam Duâ Kitabı Ciltli (I.HM)
B27	**Sûrelerin Fazileti (Peygamberimizin Dilinden)**
B28	Sûrelerin Fazileti Ciltli (I.HM)
B29	**Duâların Fazîletleri (Peygamberimizin Dilinden)**
B30	Resimli Namaz Hocası
B31	**Yasinli Namaz Hocası Resimli**

B32	Tam Namaz Hocası (Karton Kapak I. HM)
B33	**Ansiklopedik Rüya Tabirleri**
B34	Güldeste İlahi, Kaside ve Duâlar
B35	**Ansiklopedik Rüya Tabirleri Ciltli (I.HM)**
B36	Tam Namaz Hocası Ciltli (I.HM)
B37	**Kabe Yolları (Gün. Okunan İlahi, Kaside ve Mevlid-i Şerif)**
B38	Ölüm Öncesi ve Sonrası (Kıyamet-Ahiret) Ciltli (II. HM)
B35	**Ansiklopedik Rüya Tabirleri Ciltli (I.HM)**
B36	Tam Namaz Hocası Ciltli (I.HM)
B37	**Kabe Yolları (Gün. Okunan İlahi, Kaside ve Mevlid-i Şerif)**
B38	Ölüm Öncesi ve Sonrası
B39	**Sûrelerin Tefsiri**
B40	Âhiret Günü ve Âhiret Hayatı
B41	**Cennet ve Cehennem**
B42	Rüyâ Tabirleri
B43	**Okuyucularıma Armağan**
B44	Kul Hakları
B45	**Tam Duâ Kitabı (Karton Kapak I. HM.)**
B46	Pratik Rüya Tabirleri
B47	**Dinimin Direği Namaz I.HM.**
B48	Dinimin Direği Namaz Ciltli I.HM.
D01	İlaveli Yâsin-i Şerif (Kur'ân-ı Kerim'den Sûreler) Şamua (I.HM)
D01/A	**İlaveli Yâsin-i Şerif (II.HM)**
D02	Renkli Yâsin-i Şerif (Çeşitli Duâlar) Şamua (I.HM)
D02/A	**Renkli Yâsin-i Şerif (II.HM)**
D04	Yeşil Kur'an Dili (Tecvidli Din Bilgili)
D05	**Ali Haydar Elifbası (Renkli) Şamua (I.HM)**
D08	Yeni Haydar Elifbası (Kur'ân-ı Kerim Elifbası)
D11	**Büyük Ramazan Duâsı**
D12	Dualı Yasin-i Şerif (4444 ve Çeşitli Duâlar)
D13	**Tevbeli Yasin-i Şerif (Türkçeli K.Kerim'den Sûreler)**
D14	Mealli Yasin-i Şerif (Anlam ve Manalı)
D15	**Kolay Kur'an Dili Elifbası**
D16	Büyük boy Karabaş Tecvit
D17	**Kabeli Yasin-i Şerif (4444 ve Çeşitli Duâlı)**

D18	Esmalı Yasin-i Şerif (Çeşitli Sûreler Türkçeli)
D19	**Mübarek Gün ve Gecelerde Yapılacak İbadet-Duâ**
D20	Renkli Yasin-i Şerif ve Duâlar Rahle Boyu (I.HM)
D21	**Pratik Namaz Hocası (Dergi Boy)**
D23	Seçme Duâlar (Dergi Boy)
D24	**Seçilmiş İlahiler, Kasideler, Mevlid-i Şerif**
D25	Kur'ânı Öğreniyorum (Kur'ân-ı Kerim Elifbası)
D26	**7 Ayetli Yasin-i Şerif Rahle Boyu (Arapça) Şamua**
D28	7 Ayetli Yasin-i Şerif Dergi Boyu (Arapça) Şamua
D28/A	**7 Ayetli Yasin-i Şerif Dergi Boyu (Arapça) (II. HM)**
D29	14 Secde Ayetli Yasin-i Şerif ve Namaz Hocası Türkçeli
D30	**Yasin Cüzü**
D31	7Ayet Yasin ve Duâlar Türkçeli Dergi Boyu (I. HM) Şamua
D31/A	**7Ayet Yasin ve Duâlar Türkçeli (II.HM) Dergi Boyu**
D32	Zelzele Duâlı Yasin-i Şerif
D33	**Ali Haydar Elifbası**
D34	41 Yasin-i Şerif Rahle
D34/Ş	**41 Yasin-i Şerif Rahle Boy ŞAMUA (I.HM.)**
D34/D	41 Yasin-i Şerif Dergi Boy ŞAMUA (I.HM.)
D35	**Âyetel'Kürsî'nin Tefsiri Yorum ve Fazilet**
D36	11 Ayın Sultanı
D37	**Sûrelerin Meâli (Rahle Boy)**
D38	Sûrelerin Meâli (Dergi Boy)
D39	**Üç Ayların Fazîleti (Dergi Boy)**
D40	Hz. Veysel Karani Duâsı ve Yasin-i Şerif
D41	**7 Hamimler Yasin-i Şerif**
D41/A	7 Hamimler Yasin-i Şerif 2.HM.
D42	**7 Hamimler Yasin-i Şerif Rahle Boy ŞAMUA**
D43	İlaveli Yasin-i Şerif Rahle Boy ŞAMUA
D43/A	**İlaveli Yasin-i Şerif Rahle Boy (II.HM.)**
D44	A'dan Z'ye Namaz Bilgileri Ciltli I.HM.
D45	**Kolay Okunan Sureler Yasin-i Şerif ŞAMUA**
D46	Sıkıntı Duâları Yasin-i Şerif
D47	**Şifa Duâları ve Yasin-i Şerif**
D48	Hacet ve Rızık Duâları Yasin-i Şerif
D49	**Esmaül-Hüsna Nasıl Okunur Yasin-i Şerif**

آغزده حروفلرك چیقیشی یرلری؛
معلوم اوله كه جمیع مخارج بش اعضایه مخصوصدر

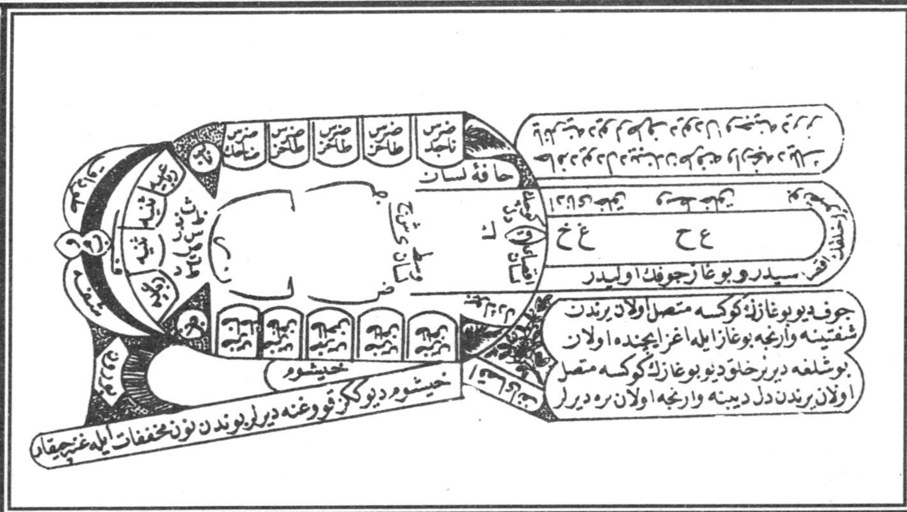

بری حروف مدلر چیقور وقتی اولنان بوغاز ایله وبری آغز جوفیدر وبری حلقدر. بوندنده تصور اولنه گلدی. اوزره لساندر. بوندنده دخی تصور اولنه گلدی.

كوروله

بو رسم آغزده حروفلرك چیقیشی یرلرینی گوسترمكله در.

زیرا اوزره مخرج تحقیق اوزره شفتینه وارردر. وبری تصور اولنه ... بوندنده دخی ایكی اوزره تحقیقده وارردر. اوزره مخرج حقیقتا وبری فرضا اولنان ایچون چیقیشی مقدمدر.

ورش تجويدلرى

بسم الله الرحمن الرحيم

يوسف

الله تعالى يه حمد وثنادن ورسولنه ودخى آلنه واصحابنه صلاة وسلامدنصكره معلوم اوله كه حرف مد اوچدر ٭ واو يا الف ٭ اما واونه زمان حرف مد اولور واو ساكن اولسه ماقبلى مضموم اولسه اولزمان حرف مد اولور ٭ اما يايه زمان حرف مد اولور ٭ يا ساكن اولسه ماقبلى مكسور اولسه اولزمان حرف مد اولور ٭ اما الف ايسه دائما ساكن اولوب ماقبلى مفتوح اولمغله جميع زمانده حرف مد اولور (اوتينا) كبى ٭ ودخى سبب مد ايكيدر (همزه ٭ سكون) اما همزه حركه سى اولان الفه ديرلر ٭ اما سكون ديمك يعنى حركه سى اولميان حرفه ديمكدر ٭

باب مد طبيعى

قچن حرف مد اولوب سبب مد اولمسه اولزمان

تجويد لغتده بر نسنه يى گوزل ايتمكدر ٭ اصطلاحده حروفى حقنا و مستحقنا ويرمكدر ٭ وهو اعطاء كل حرف حقه ومستحقه من كل صفة ٭ حقندن مقصد لازمه صفتدر مستحقندن مقصد عارضه صفتدر ٭

لاصليه دن مقصد مخرجلرندن اداء ايتمكدر ٭ معلوم اوله كه مخارج حروف اون يدى در ٭ اولكى مخرج جوفدر ٭ يعنى بوغاز ايله آغز ايچنده اولان بوشلقدر ٭ بوندن حروف مد چيقار ٭ ايكنجى مخرج بوغازك ديبيدركه گوكسه متصل اولان يريدر ٭ بوندن اولا همزه صكره ها چيقار ٭ اوچنجى مخرج بوغازك اورته سيدر ٭ بوندن اولا عين صكره حا چيقار ٭ دردنجى مخرج بوغازك آغزه ياقين اولان يريدر ٭ بوندن اولا غين صكره خا چيقار ٭

مدّ طبيعی اولور مثالی نوحیها • ابداً • طه • الف لام را نك
راسی وحا میمك حاسی کبی • اما بونك مرتبه سی
بر الف مقداری مد اولنمقدر • بر الف مقداری
دیمك یعنی بر پارمق قالدیره جق قدر دیمکدر •

باب مدّ متّصل

قچن حرف مددن صکره سبب مد همزه اولوب ایکیسی
بر کلمه ده واقع اولسه مدّ متّصل اولور مثالی اذا جاء
اولئك جیء سوء کبی • مدّ متّصلك مدی واجبدر متفق
علیه اولدیغیچون متفق علیه دیمك یعنی جمیع
قرّا مد ایتدیلر علی مراتبهم قصر ایتمدیلر دیمکدر • اما
بونك مرتبه سی قرائت عاصم وروایت حفص اوزره
درت الف مقداری مد اولنمقدر ۞

باب مدّ منفصل

قچن حرف مددن صکره سبب مد همزه اولوب بشقه
بشقه کلمه ده واقع اولسه مدّ منفصل اولور مثالی
یا ایها انی اخاف توبوا الی الله کبی • ودخی حرف مدکاه
واو مقدره اولور مثالی ان ماله اخلده عنده الا باذنه کبی •

همکره سندن غا چیقار
ایکنجی مخرج بیوره دیلك
دیبنك اوستیله آنامی
قانشعوری اوست طماقدن
بوغازدن قاف چیقار اوچنجی
مخرجی قاف مخرجندن بر آز
آلچاقندن بر آزمق مغاری
اشاغیدر بوغازدن کاف
چیقار یدنجی مخرج بیوره
دیلك اورته سیله برابر
اوست طماقدر بوندن زینب
• اوزره جیم شین یا چیقار
سکزنجی مخرج یا مخرجنك
مابعدلرینه کزی . بو ایکی اولاز
صولدن یا صاغدن دیل یانیله

آنك قارشوسی اولان اوست
دیشلری دیرلر که آزی دیشلری
اردینجه کی دیشه کلنجه در
بوندن ضاد چیقار طقوزنجی
مخرج بو دخی صاغدن
وصولدن ضاد مخرجنك
نهایتندن دیل اوجنه
وارنجه اولان یانی
ایله آنك قارشوسی اولان
اوست طماقدرکه ضاحك
وناجذ ورباعیه وثنیه
دیشلرینك اوستنده
لردر بوندن لام چیقار
اونجی مخرج دیل اوجیله
قارشوسنده ایکی اوست

وكاه ياء مقدره اولور مثالى وما يكذب به الا من علمه
الا بما شاء كبى ۞ مد منفصلك مدى جائزدر مختلف فيه
اولديغيچون مختلف فيه ديمك يعنى بعض قراء مد
ايتديلر وبعض قراء قصر ايتديلر ديمكدر ۞ وبونك
مرتبه سى دخى قرائت عاصم وروايت حفص
اوزره درت الف مقدارى مد اولنمقدر ۞

باب مد لازم

قچن حرف مددن صكره سبب مد سكون لازم واقع
اولسه مد لازم اولور ۞ سكون لازم نيه ديرلر وقفا
ووصلا ثابت اولان سكونه ديرلر ۞ ودخى بو مد لازم درت
درلودر برى مد لازم كلمهٔ مثقله در مثالى ولا الضالين
الحاقة تأمرونّى كبى ۞ وبرى مد لازم كلمهٔ مخففه در مثالى
آلآن كبى ۞ وبرى مد لازم حرف مثقلدر مثالى الف لام
ميمك لامى والف لام ميم صادك لامى وطاسين ميمك
سينى كبى ۞ وبرى مد لازم حرف مخففدر مثالى الف لام
ميمك ميمى والف لام ميم صادك ميمى وصادى والف
لام رانك لامى وحاميمك ميمى كبى ۞ مد لازمك مدى

واجبدر متفق عليه اولديغيچون ٭ وبونك مرتبه سى
جميع قراء قتنده درت الف مقداری مدّ اولنمقدر ٭

باب مدّ عارض

قچن حرف مدّدن صكره سبب مدّ سكون عارض واقع
اولسه مدّ عارض اولور ٭ سكون عارض نيه ديرلر وقفا
ثابت وصلا ساقطا اولان سكونه ديرلر مثالي يعلمون ٭
يوم الدين ٭ نستعين ٭ كبي ٭ مدّ عارضك مدّى جائزدر ٭
مختلف فيه اولديغيچون ٭ واما بونك مرتبه سى اولدر كه
قچن آخري مفتوح اولسه اوچ وجه جائز اولور طول
توسط قصر ٭ واگر مكسور اولسه درت وجه جائز اولور
طول توسط قصر بر ده روم ٭ واگر مضموم اولسه
يدى وجه جائز اولور طول توسط قصر طول ايله اشمام
توسط ايله اشمام قصر ايله اشمام بر ده روم ٭ ودخى
رومه نيه ديرلر كيزلى آواز ايله حركه يى طلب ايتمكه ديرلر
تعريفي ٭ الروم طلب الحركة بصوت خفي ٭ ودخى
اشمامه نيه ديرلر سكوندن صكره طوداقلرين يومغه
ديرلر تعريفي ٭ الاشمام انضمام الشفتين بعد السكون ٭

حروف متحركه ابله نطق
اولنرقده مخرجنده آزالوب
قالوبن نفسك كتمسي ويا
صوتك آشكار اولوب
ديرلر حرفلري بونلردر
قوي بض اذ غز اجند
مطبق وبري همسدر

بري جهردر جهر ديو
اولنلري اون بشدر
تاليلرينه آهم ومشهوردر
صفات لازمه دربوده
حروفك يكرمي قدر بري
معلوم اوله كه صفات
غنه جيما رفا فقه

باب مد لين

فتحه حرف لين دن صكره سبب مد سكون واقع اولسه
مد لين اولور ۝ اما حرف لين نيه ديرلر واو يا ساكن
اولسه ما قبللري مفتوح اولسه اكا ديرلر مثالي
والصيف ۝ عليه ۝ من خوف ۝ ولا نوم كبي ۝ مد لينك مدي
جائز در مختلف فيه اولديغيچون ۝ واما بونك مرتبه سي
اولدر كه فتحه دن بوكنده سبب مد سكون لازم اولسه
ايكي وجه جائز اولور طول وتوسط مثالي كهيعص
وحم عسق قول شريفلرنده واقع اولان عين لفظي كبي ۝
واكر سكون عارض اولسه مد عارض كبيدر كه اوچ يا درت يا ايكي
وجه جائز اولور مثالي مقدمه ذكر اولنان مثالر كبي ۞

باب تنوين ونون ساكن

تنوين ايكي اوستونه وايكي اسره يه وايكي اوتره يه ديرلر
واما نون ساكن جزملي نونه ديرلر ۞

باب اخفا

حرف اخفا اون بش حرفدر كه بو بيتك اولكي حرفلريدر
(صف ذا ثنا جود شخص قد سما كرما ۝ ضع ظالما زد تقى دم

همس ديو حرف حركه ابله
نطق اولنرقده مخرجنده
آزالوب قالوبن نفسك جاري
اولسنه ديرلر حرفلري بونلردر
فحثه شخص سكت وهما
وبري شدتدر
ضعفان وبري حرف اسكان
شدت ديو حرف صوت
ابله نطق اولنرقده صوتك
آقماميه ديرلر

حرفلري بونلردر اجد قط
بكت وبري رخاوتدر
رخوه حرف اسكان ابله
نطق اولنرقده صوتك
آقماسنه ديرلر
حرفلري بونلردر

طالبا فتری ۞ یعنی تنوین ویا نون ساکن بو اون بش حرفدن بو بینه اوغراسه اخفا اولور مثالی غنیٌ کریمٌ وفتحٌ قریبٌ عن صلاتهم کبی ۞ تعریفی الاخفاءُ حالةٌ بین الاظهار والادغام عاریةٌ عن التشدید مع بقاء الغنة ۞

باب اظهار

حرف اظهار آلتی حرفدرکه بو اسماء شریفه لرک اولکی حرفلریدره الله حیٌّ خالقٌ عدلٌ غنیٌّ هادیًا ۞ یعنی تنوین ویا نون ساکن بو آلتی حرفدن بربینه اوغراسه اظهار اولور مثالی غفورٌ حلیمٌ من آمن من خوف کبی ۞ تعریفی الاظهار هو الانفصال متباعدًا بین الحرفین ۞

باب اقلاب

حرف اقلاب بادر یعنی تنوین ویا نون ساکن بایه اوغراسه اقلاب اولور مثالی سمیعٌ بصیرٌ من بعد لینبذنّ کبی ۞ تعریفی الاقلاب هو قلب النون الساکنة او التنوین میمًا خالصًا واخفاؤها عند الباء بغنة ۞ ودخی غنه نیه دیرلر کگزدن کلن صوته دیرلر تعریفی هی صوتٌ یخرج عن الخیشوم ۞

باب ادغام مع الغنه

ادغام مع الغنه درت حرفدر كه يمنو احرفلريدر كجن تنوين
ويا نون ساكن بو درت حرفدن برينه اوغراسه ادغام مع
الغنه اولور مثالى خيرا يره فضلا من الله ومن يعمل كبى ۝
اما نون ساكن ايله واو ياخود يا بر كلمه ده واقع اولسه
اول زمان اظهار اولور مثالى بنيان قنوان صنوان كبى ۝

باب ادغام بلا غنه

ادغام بلا غنه حرفلرى ايكى حرفدر كه ل ر حرفلريدر كجن
تنوين ويا نون ساكن بو ايكى حرفدن برينه اوغراسه ادغام
بلا غنه اولور مثالى غفور رحيم هدى للمتقين من ربهم كبى ۝

باب ادغام مثلين

ادغام مثلين شول حرفدر كه ساكن اولوب بنه كندى
مثلنه اوغراسه ادغام مثلين اولور مثالى فما ربحت
تجارتهم ان اضرب بعصاك اووا ونصروا كبى ۝ تعريفى
ما اتحدا مخرجا وصفة ۝ اما نون ساكن نونه اوغراسه
هم ادغام مثلين وهم ادغام مع الغنه اولور مثالى
من نار ومن نعمة كبى ۝ اما ميم ساكنك اوچ

حاصل اولور لان صوت زائد
قوى بر نجس بيدر قلقله ساكنه
مخصوص صفتدر ديدلر حرفلرى
قطب جد حرفلريدر وبرى
صفيردر صفير دو حرفدر
ايصلغه بنزه اولسنه
ديرلر حرفلرى صاد
سين زاى در وبرى

صوت ايله قلع ايتمكدن
تحريكدر ياخود تحريك
ياخود صوتى تحريك
صفت لينيدر اجتماعيدر
دو نشدن ايله جهر
وبرى قلقله در قلقله
بيلور لاقه ايله متصف اولان

تكرير در تكرير رايه مخصوصدر
وقتنده لسانك
نطقنى ... لكن راى تلفظ
ش حسيسه لكن غايت ايله
ابلابن كنيسه رانك
اختيار ايدوب ... ايلديز
تكرار ايلدن صاقنمق ... ديو
وبرى تفشيدر تفشى
حرف نطق اولندقده صوت
آغز ايچنده طا علو
طا : منجه ... زنجه
اوزاتمقه برنى
منسوب در وبرى
مخصوص صفتدر
استطاله در استطاله
دونوب ... صوت

مخرجلری اوللرندن آخرینه
وارنجه ممتد اولوب
خیشومده دیرلر وبری
غنه در غنه دیو صوتك
خیشومدن گلمسنه دیرلر
صیفت غنه میم ایله
نون حرفلرینه مخصوصدر
وبری قسمی صیفت
وار در بو ده اون بر
عارضه در
وبری تفخیم در
ویری دیو حرفی قالین
تفخیم ایله اوقومغه دیرلر
حرفلری اون بر در
استعلا حرفلریله قالین
اوقونمق شرطی اینلطی

حالی وار در میم ساكن میمه اوغراسه ادغام مثلین
مع الغنه اولور مثالی عليهم مؤصدة اطعمهم
من جوع كبی ۞ میم ساكن بایه اوغراسه اخفا
اولور مثالی ان ربهم بهم ترميهم بحجارة كبی ۞
میم ساكن میم ایله بانك غیری حروفه اوغراسه
اظهار اولور مثالی هم فيه لكم دينكم كبی ۞

باب ادغام متجانسين

قچن مخرجلری بر اولوب صفتلری بشقه اولان حرفلر
بر برینه اوغراسه ادغام متجانسين اولور ۞ اما بونك
حرفلری اوچ مخرجده در بری طا دال تا مخرجیدر مثالی
لئن بسطت وقالت طائفة اثقلت دعوا الله ما عبدتم
كبی ۞ وبری ظا ذال ثا مخرجیدر مثالی اذ ظلموا يلهث
ذلك كبی ۞ وبری با میم مخرجیدر مثالی يا بني اركب معنا
كبی ۞ تعریفی ما اتحدا مخرجا واختلفا صفة ۞

باب ادغام متقاربين

قچن مخرجده و یا صفتده یقینلغی اولان حرفلر بر برینه
اوغراسه ادغام متقاربين اولور اما بونك حرفلری

مستجمع لام ورا ایله الف وواو مدیه
در حروف استعلاده تفخیمه
واجبدر وبری ترقیقدر ترقیق
حرفی انجه اوقومغه دیرلر حروف
انخفاض ضده و تفخیم شرطی مستجمع
اولیان لام ورا والف وواو
ما عدا سنده ترقیق واجبدر

وبری ادغام مثلین در تعریفی اتحادا
فی المخرج والصفة
الحرفین المتماثلین او المتجانسین
او المتقاربین فی الآخر در
وبری اخفادر تعریفی حالة
بین الادغام والاظهار در
فلا تشدید بلغنه در وبری
اظهار در تعریفی
الا یفصل [illegible]

ایکی مخرجده در ● بری لامڭ مخرجیدر مثالی
قل رب بل رفعه الله کبی ● و بری قاف کاف مخرجیدر
مثالی الم نخلقکم کبی ● تعریفی ماتقارب مخرجا او صفة ●

باب ادغام شمسیه

ادغام شمسیه حرفلری اون درت حرفدر که بو بیتڭ اولکی
حرفلریدر ● تب ثم دع ذنبا رمی زد شمعة ● شم صد ضیف
طاب ظن له نعم ● فچن الف لامکه اکا لام تعریف
دیرلر بو اون درت حرفدن برینه اوغراسه ادغام شمسیه
اولور ● اما نونه اوغرادقده ادغام شمسیه مع الغنه
اولور باقیسنه اوغرادقده ادغام شمسیه بلا غنه
اولور ● مثالی والناس والشمس والتین کبی ●

باب اظهار قمریه

اظهار قمریه حرفلری اون درت حرفدر که ابغ حجك
وخف عقیمه حرفلریدر فچن لام تعریف بو اون درت
حرفدن برینه اوغراسه اظهار قمریه اولور
مثالی والعصر والفجر والقمر کبی ●

باب قلقله

حرف قلقله بش حرفدر كه قطب جد حرفلريدر قچن
بو بش حرفدن بری كلمه نك اورته سنده ويا آخرنده
ساكن اولسه قلقله اولور مثالی يدخلون احده بالحق وكبی
القلقلة لغة التحرك والاضطراب ۞ وفی الاصطلاح
تقلقل المخرج حتی يسمع له نبرة قوية ۞

باب حكم الراء

قچن را مفتوح ويا مضموم اولسه قالين اوقنور مثالی
الرحمن الرحيم والروح نصر الله كبی ۞ واكر مكسور
اولسه اينجه اوقنور مثالی بالبر كبی ۞ ودخی را ساكن
اولوب ماقبلی مفتوح ويا مضموم اولسه قالين اوقنور
مثالی وانحر من شكره بالنذر كبی ۞ ودخی را ساكن اولوب
ماقبلی مكسور اولسه اينجه اوقنور مثالی واستغفره
واصطبر كبی ۞ اما بو صورت اخيرده رانك مابعدنده
حروف استعلادن بری واقع اولسه اولزمان قالين
اوقنور حروف استعلا يدی حرفدركه خص ضغط قظ
حرفلريدر مثالی مرصادا وقرطاس وفرقة كبی ۞ اما حروف
استعلا مكسور اولسه اولزمان اينجه وقالين اوقنور

جَائِزْ اُولُورْ مِثَالِی كُلُّ فِرْقٍ كِبِی ● وَدَخِی رَا سَاكِنْ اُولُوبْ
مَاقَبْلِنِكْ كَسْرَه‌سِی عَارِضْ اُولْسَه اُولْزَمَانْ بِنَه قَالِینْ اُوقُنُورْ
مِثَالِی اِرْجِعِی لِمَنِ ارْتَضٰی كِبِی ● وَدَخِی رَا سَاكِنْ اُولُوبْ مَاقَبْلِی دَخِی
سَاكِنْ اُولْسَه سَاكِنَه اِعْتِبَارْ اُولُنْمَازْ مَاقَبْلِنَه اِعْتِبَارْ اُولُنُورْ
اَگَرْ مَاقَبْلِی مَفْتُوحْ وَيَا مَضْمُومْ اُولْسَه قَالِینْ اُوقُنُورْ مِثَالِی بِالصَّبْرِ ●
مِنْ كُلِّ اَمْرٍ ● فِی الصُّدُورِ ● كِبِی ● وَاَگَرْ مَكْسُورْ اُولْسَه اِینْجَه
اُوقُنُورْ مِثَالِی بَصِيرٌ ● قَدِيرٌ ● كِبِی ● وَدَخِی رَا سَاكِنْ اُولُوبْ مَاقَبْلِی
حَرْفِ لِینْ اُولْسَه اُولْزَمَانْ دَخِی اِینْجَه اُوقُنُورْ مِثَالِی خَيْرٌ ● سَيْرٌ ● كِبِی

بَابُ لَفْظَةُ اللّٰهِ

فَصْلٌ لَفْظَةُ اللّٰهِكْ مَاقَبْلِی مَفْتُوحْ وَيَا مَضْمُومْ اُولْسَه قَالِینْ
اُوقُنُورْ مِثَالِی هُوَ اللّٰهُ نَصْرُ اللّٰهِ كِبِی ● وَاَگَرْ مَكْسُورْ
اُولْسَه اِینْجَه اُوقُنُورْ مِثَالِی بِاللّٰهِ وَلِلّٰهِ كِبِی ●

بَابُ الضَّمِيرِ

فَصْلٌ ضَمِيرِكْ مَاقَبْلِی مُتَحَرِّكْ اُولْسَه مَدْ اُولُنُورْ مِثَالِی اَنَّهُ بِهِ وَلَهُ
كِبِی ● اَمَّا لَمْ يَتَّقِهِ وَمَا اَنْفَقَهُ مَدْ اُولُنْمَازْ زِيرَا ضَمِيرْ دَگِلْدِرْ
نَفْسِ كَلِمَه دَنْدِرْ ● وَاَگَرْ مَاقَبْلِی سَاكِنْ اُولْسَه قَصْرْ اُولُنُورْ مِثَالِی
عَلَيْهِ اِلَيْهِ فِيهِ كِبِی ● اَمَّا سُورَۀ فُرْقَانْدَه فِيهِ مُهَانًا مَدْ اُولُنُورْ ●

الفه قلب ایدوبده
سكته‌سی الف اوزرینه
منعقدناده دیخی الف
اوزرینه همزه او ده نون
اوزرینه بلرزان ده لام
اوزرینه ایمتلیده
معلوم اولدكه لم يتسنه
سوره بقره ده در اقتده
عوجا ده تنوین
معلوم اولدكه

ماهیه
سوره انعامده در یا فیكری
سوره القارعه ده در
سوره الحاقه ده در
لكنا
معلوم اولدكه الظنونا
سوره كهفده در
سوره الرسولا السبيلا
سلاسلا
احزابده در
سوره انسانده در
قواريرا

معلوم اوله كه حفص
روايتنده حالت وقفده
يدى كلمه نك آخرنده
بتشديدن بلا الف لاحق اوليه رق
الف لاحق اولنور و لشدر
الفا وزرينه وقف اولنور
وصلده الفسز اوقونور
برى متكلم وحده ضميرى
اولان انادر وبرى لكنّا
وبرى الظنونادر
وبرى الله دِر وبرى
وبرى الرسولادر
وبرى السبيلادر وبرى سلاسلادر
حفصدن بر روايتده سلاسلاده
وقفده اسكان ايله لامى
وبرى اوكلرى قواريرادر

باب السكته

سکته قرآن عظيم الشانده درت يرده دٖر. بری سورهٔ
کهفده عوجا. قيّما . وبری سورهٔ يس ده من مرقدنا هذا
وبری سورهٔ قيامه ده وقيل من راق . وبری سورهٔ مطففين ده
كلا بل ران . تعريفى السكتة قطع الصوت
دون النفس . معلوم اوله که هاء سکته ايله قرائت
اولنان کلماتك حالت وصلده يعنى لم يتسنه واقتده
وكتابيه وحسابيه وماليه وسلطانيه وما ادريك
ماهيه ده هانك اثباتى ايدن قرّا ايچون بر هاء ساكنه
الحاقى لازمدر . حضرت عاصم جميع مواضعده وصلده
هانك اثباتى ايلدى . ائمهٔ قرّادن بعضيلر كتابيه
حسابيه لفظلرينك غيريده اثبات ايتمديلر
امّا وقف حالنده هاء سكته نك
اثباتى متفق عليه دٖر .

معلوم اوله كه روايت حفص
اوزره سورهٔ فصلت ده اولان
ءاعجمى لفظنده واقع همزهٔ ثانيه
تسهيل ايله يعنى همزه ايله
همزه بينلا حركه بينى خفيف اولان
الف بينينده هانك ثابت سى
اوليه رق قرائت ايتمكلكدر سورهٔ
هود ده اولان مجريها لفظى اماله
كبرى ايله قرائت ايتمكلكدر
بو صورتده يعنى مجريها ده
راءنك وكسره واقع اولان الف
اماله ايله اوقنور يعنى صورتده
راءنك ايچنده اوقونمو
لازمدر .

عشريه